KARL LACKNER

Das konkrete Gefährdungsdelikt im Verkehrsstrafrecht

SCHRIFTENREIHE
DER JURISTISCHEN GESELLSCHAFT e.V.
BERLIN

Heft 27

Berlin 1967

WALTER DE GRUYTER & CO.

vormals G. J. Göschen'sche Verlagshandlung · J. Guttentag, Verlagsbuchhandlung
Georg Reimer · Karl J. Trübner · Veit & Comp.

Das konkrete Gefährdungsdelikt
im Verkehrsstrafrecht

Dr. Karl Lackner

Professor an der Universität Heidelberg

Vortrag

gehalten vor der

Berliner Juristischen Gesellschaft

am 13. Mai 1966

Berlin 1967

WALTER DE GRUYTER & CO.

vormals G. J. Göschen'sche Verlagshandlung · J. Guttentag, Verlagsbuchhandlung
Georg Reimer · Karl J. Trübner · Veit & Comp.

Archiv-Nr. 27 27 67 0

Satz und Druck: ⑤ Saladruck, Berlin 36

Das konkrete Gefährdungsdelikt im Strafrecht — namentlich im Verkehrsstrafrecht — ist ein höchst merkwürdiges und problematisches Phänomen.

Schon rein äußerlich betrachtet, also was Zahl und Bedeutung in der Praxis betrifft, ist hier eine auffällige Entwicklung zu registrieren. Während diese Deliktsform noch zu Beginn des Jahrhunderts nur im Schatten weiterreichender Verletzungstatbestände ein bescheidenes Dasein fristete, hat sie sich in der Zwischenzeit wie ein Ölfleck ausgebreitet und an vielen Stellen der Rechtsgüterordnung ihren Platz gefunden. Spätestens nach dem 2. Weltkrieg ist sie beinahe zum Lieblingskind des Gesetzgebers geworden. Ich darf referierend nur daran erinnern, daß wir heute eine Fülle konkreter Gefährdungstatbestände auf den Gebieten des Umgangs mit Spreng- oder Kernbrennstoffen, der Transportgefährdung, der Straßenverkehrsgefährdung, des Geheimnisverrats, des Familienschutzes und des Wehrstrafrechts haben[1], und daß der Entwurf eines neuen Strafgesetzbuches nahezu den ganzen Bereich der gemeingefährlichen Delikte in die Form konkreter Gefährdungstatbestände gegossen hat[2]. Allüberall begegnen wir der schon stereotyp gewordenen Formel, daß Strafe verwirke, wer durch eine Handlung bestimmter Art Leib oder Leben eines Menschen oder ein anderes näher beschriebenes Rechtsgut gefährde. Die praktische Bedeutung dieser Rechtsentwicklung ist kaum zu überschätzen. Spätestens mit dem Eindringen dieser früher nur ganz vereinzelt verwendeten Tatbestandsform in das Straßenverkehrsrecht ist die Praxis in ungezählten Fällen mit der neuen Problematik konfrontiert und damit zugleich genötigt worden, irgendwie mit ihr fertig

---

[1] Vgl. z. B. §§ 99 bis 100 c, 109 b, 109 e, 109 g, 170 b bis 170 d, 311 bis 316, 353 b, 353 c StGB.

[2] §§ 320 bis 337 a E 1962. Ganz ließ sich dieser Gedanke indes nicht durchführen, z. B. §§ 320 I, 335 a. a. O. (vgl. auch die Begr. zum E 1962 S. 496).

zu werden. Bitte bedenken Sie, daß die Kapazität der Strafgerichte fast zur Hälfte durch Verkehrsstrafsachen gebunden ist und daß nach den Ergebnissen der Kriminalstatistik aus dem Jahre 1963, dem bisher letzten abgeschlossenen Erhebungszeitraum, im Bundesgebiet ungefähr 23 500 Personen allein wegen vorsätzlicher oder fahrlässiger Straßenverkehrsgefährdung nach den §§ 315 a oder 316 des Strafgesetzbuches verurteilt worden sind. Das entspricht fast der Hälfte der Verurteilungen, die im selben Zeitraum wegen des klassischen Vergehens des Diebstahls ausgesprochen wurden. Heute gilt auf Grund des Zweiten Gesetzes zur Sicherung des Straßenverkehrs[3] § 315 c des Strafgesetzbuches, der die gefährlichsten Verkehrszuwiderhandlungen unter der Voraussetzung mit Vergehensstrafe bedroht, daß der Täter Leib oder Leben eines anderen oder fremde Sachen von bedeutendem Wert gefährdet.

Diesem gar nicht mehr zu übersehenden tatsächlichen Gewicht der Gefährdungsdelikte steht ein merkwürdiges — fast möchte man sagen „beharrliches" — Schweigen des Schrifttums über den dogmatischen Gehalt dieser Tatbestände gegenüber. Zwar ist in allen einschlägigen Erläuterungsbüchern[4] zu lesen, daß bei konkreten Gefährdungstatbeständen die Herbeiführung einer Gefahr für das geschützte Rechtsgut objektives Tatbestandsmerkmal ist, sei es nun in der Form, daß die Tatbildbeschreibung ausdrücklich die Worte „Gefahr", „Gefährdung" oder „gefährden" gebraucht, oder sei es, daß sie das Erfordernis der Gefahr mit anderen Worten umschreibt. Wer aber erfahren will, was unter „Gefahr" oder „Gefährdung" zu verstehen ist, findet zwar eine ganze Menge höchstrichterlicher Entscheidungen[5], die ein Spiegelbild der Fülle des anfallenden Materials sind. Bei näherem Zusehen muß er aber feststellen, daß die in der Rechtsprechung gebotenen Begriffsbestimmungen in vielen entscheidenden Nuancen voneinander abweichen oder die Auskunft ganz verweigern. Zieht der so unbefriedigte Leser nun das

---

[3] Vom 26. 11. 1964 (BGBl. I 921).
[4] Vgl. etwa MAURACH, Bes. Teil, 4. Aufl., 1964, S. 495 ff.; MEZGER-BLEI, Allg. Teil, 11. Aufl., 1965, S. 86.
[5] Z. B. RG Rspr. 6,98; BGHSt 8,28; 13,66; 18,271; BGH VRS 11,61; 13,204; 16,126; BayObLG VRS 23,379.

Schrifttum zu Rate, so gibt es — von einigen Dissertationen[6] abgesehen — keine größere monographische Arbeit aus der jüngeren Vergangenheit, in der die Problematik des Gefahrbegriffs unter den Aspekten der modernen technischen Entwicklung näher untersucht würde. Er ist vielmehr auf Arbeiten aus der Vorkriegszeit[7] angewiesen, aus einer Zeit also, in welcher der konkrete Gefährdungstatbestand noch das Aschenputtel unter den vornehmeren Verletzungstatbeständen war.

Das ist ein recht mißlicher Zustand. Wer sich die Mühe macht, einmal die Diskussionen der Großen Strafrechtskommission über die Gefährdungsdelikte[8] nachzulesen, wird auf Schritt und Tritt der dogmatischen Unsicherheit begegnen, die über den Inhalt des Gefahrbegriffs herrschte, und dabei zugleich auch spüren, wie diese Unsicherheit auf die kriminalpolitische Beurteilung ausstrahlte und ein allgemeines Unbehagen im Hinblick auf die Angemessenheit und Praktikabilität der gewonnenen Ergebnisse verbreitete. Ich habe deshalb keinen Zweifel: An dieser Stelle unseres sonst durchaus imponierenden Gebäudes der Strafrechtsdogmatik fehlen noch einige Bausteine, welche die Wissenschaft bisher schuldig geblieben ist, die aber beigebracht werden müssen, wenn die Rechtsprechung für die ihr abgeforderten Entscheidungen über die Grenzen des Gefahrbegriffs festen Boden unter den Füßen gewinnen soll. Sie werden jetzt vielleicht von mir erwarten, daß ich mich hic et nunc dieser Problematik zuwende. Ich möchte das aber nicht tun; denn ich glaube, daß diese Aufgabe in die stille Studierstube gehört und eine sehr viel umfassendere Auseinandersetzung erfordert, als sie im Rahmen eines kurzen Vortrages möglich ist. Außerdem liegen mir auf Grund meiner beruflichen Ver-

---

[6] Vgl. BASSENGE, Der allgemeine strafrechtliche Gefahrbegriff und seine Anwendung im 2. Teil des Strafgesetzbuchs und in den strafrechtlichen Nebengesetzen, 1961; FREY, Die Gemeingefahr in § 315 a StGB, 1958.

[7] Vgl. z. B. APPEL, Das Verbrechen der Gefährdung von Leib und Leben nach deutschem Recht, 1930; FINGER in Frank-Festgabe, Bd. I, 1930 S. 230 ff.; HENCKEL, Der Gefahrbegriff im Strafrecht, 1930; HERRMANN, Zum Begriff der Gefahr, insbesondere der Gemeingefahr im deutschen Strafrecht, 1939; MARSFELS, Die Verbrechen der vorsätzlichen Lebensgefährdung, 1927; RABEL, Der Gefährdungsvorsatz, 1933.

[8] Vgl. namentlich Bd. 8, S. 417 ff. der Niederschriften über die Sitzungen der Großen Strafrechtskommission.

gangenheit die rechts- und kriminalpolitischen Probleme näher,
die mit den Gefährdungsdelikten verbunden sind. Der Schwer-
punkt meiner Ausführungen wird deshalb auf kriminalpolitischen Überlegungen liegen. Dabei wird vor allem die Frage ins
Auge zu fassen sein, ob die ständige Zunahme konkreter Gefährdungstatbestände im Verkehrsrecht eine begrüßenswerte
Entwicklung ist, die Förderung verdient, oder ob wir schon an
der Grenze des Erträglichen angelangt sind oder gar das Rad
der Geschichte wieder zurückdrehen müssen. Sie werden sehen,
daß es dabei unerläßlich ist, auch die dogmatischen Zusammenhänge ins Auge zu fassen und in ihrer Tragweite für die Krimi-
nalpolitik einzugrenzen.

Es dürfte sich empfehlen, von der Frage auszugehen, wie es
überhaupt gekommen ist, daß das konkrete Gefährdungsdelikt
in unserem Rechtsgebiet Fuß fassen und die geschilderte praktische Bedeutung erlangen konnte. Wenn Sie sich erinnern, er-
schöpfte sich das Verkehrsstrafrecht vor dem Jahre 1952, d. h.
vor dem Inkrafttreten des Ersten Gesetzes zur Sicherung des
Straßenverkehrs[9], in den Verhaltensregeln der Straßenverkehrsordnung und der Straßenverkehrszulassungsordnung,
deren Verletzung durchgängig als Übertretung mit Geldstrafe
bis zu 150,— DM oder mit Haft bis zu sechs Wochen bedroht
war. Außer dem § 1 der Straßenverkehrsordnung, der auch
heute noch in einer unbestimmten Generalklausel die Grund-
regel für das Verhalten im Straßenverkehr normiert und als
konkretes Gefährdungsdelikt ausgestaltet ist, waren diese Verhaltensregeln sämtlich abstrakte Gefährdungstatbestände, in
denen mit überwiegend deskriptiven Merkmalen beschrieben
wurde, wie sich der Verkehrsteilnehmer auf der Straße zu verhalten habe. Von dem Erfordernis der Gefährdung anderer war
hier keine Rede. Fast alle diese Tatbestände verfolgten aber
nicht nur den Zweck, die Ordnung im Verkehr zu gewährleisten, sondern darüber hinaus auch Leib, Leben und Eigentum
der Verkehrsteilnehmer vor Schaden zu bewahren. Im Verhältnis zu diesem Schutzzweck waren die angedrohten Strafen
auffallend gering. Mit bedeutsameren Strafvorschriften konnte

---

[9] Vom 19. 12. 1952 (BGBl. I 832).

der Verkehrsteilnehmer im allgemeinen nur in Konflikt geraten, wenn er das Pech hatte, einen Menschen zu verletzen oder zu töten. Dann allerdings fiel er in den Anwendungsbereich der Tatbestände über fahrlässige Köperverletzung oder fahrlässige Tötung und sah sich einer Strafdrohung gegenüber, die dem Richter die Verhängung einer langfristigen Gefängnisstrafe ermöglichte. Wir wissen nun aber alle, daß es auch bei schuldhaften Verkehrszuwiderhandlungen regelmäßig des Zusammentreffens mehrerer unglücklicher Umstände bedarf, von denen der Täter meist nur den kleineren Teil beherrscht, um das Ergebnis eines Unfalls mit Toten oder Verletzten herbeizuführen. Die damit deutlich gewordene Spannung zwischen der Bagatellstrafdrohung für das abstrakte Gefährdungsdelikt auf der einen und der Kriminalstrafdrohung für das Verletzungsdelikt auf der anderen Seite ist seit jeher als höchst unbefriedigend empfunden worden[10]. Sie offenbart das schon von RADBRUCH[11] so genannte Problem der „verschämten Zufallshaftung". Armin KAUFMANN hat in einem Vortrag vor der Gesellschaft für Rechtsvergleichung im Jahre 1963[12] in allen Einzelheiten das im strafrechtlichen Schrifttum weit verbreitete Mißbehagen geschildert, das Hellmuth MAYER einmal in dem Satz zusammenfaßte: „Es wird ja nicht der Leichtfertige als solcher bestraft, sondern nur, wer in seiner Leichtfertigkeit Pech hatte".[13] Die Frage läßt sich an einem einfachen Beispiel leicht aufzeigen:

Drei Kraftfahrer, bei denen die gleichen persönlichen Schuldvoraussetzungen vorliegen, schneiden im Gebirge trotz unübersichtlicher Verkehrslage eine nicht einsehbare Kurve. Der erste hat Glück, weil die Gegenfahrbahn hinter der Kurve frei ist. Der zweite hat nur bedingt Glück, weil es dem entgegenkommenden Kraftfahrer durch außergewöhnliche Aufmerksamkeit gerade noch gelingt, in den Straßengraben auszuweichen und dadurch einen Unfall zu verhindern. Der dritte hat Pech, weil

---

[10] Dabei besteht auf vielen Gebieten außerhalb des Verkehrsrechts die Spannung sogar zwischen völliger Straflosigkeit auf der einen und erheblicher Kriminalstrafe auf der anderen Seite. Vgl. etwa MITTERMAIER ZStW 32, 415, 434; Kadecka MoKrimBi 1931, 65, 70.
[11] VDB V S. 201 Anm. 2.
[12] Zeitschr. für Rechtsvergleichung 1964, S. 41 ff.
[13] ZStW 59, 283, 324.

er frontal auf das andere Fahrzeug auffährt und dessen Fahrer
tödlich verletzt. Bei völlig gleichem Verhalten der drei Täter
wären nach früherem Recht die beiden ersten lediglich wegen
einer Verkehrsübertretung bestraft worden. Sie wären erfah-
rungsgemäß auch mit einer kleinen Geldstrafe davongekom-
men; denn weder in der Bevölkerung noch in der Strafzumes-
sung der Gerichte läßt sich der Gedanke ausrotten, daß die
Vorwerfbarkeit einer fahrlässig begangenen Tat in erster Linie
durch den Umfang des schädlichen Erfolges und nur ganz am
Rande durch das Maß der verschuldeten Pflichtwidrigkeit bestimmt wird. Deshalb wäre nach der früheren Rechtslage und
Praxis dem dritten Täter eine empfindliche Gefängnisstrafe
sicher gewesen, und zwar eine Strafe weit oberhalb des Straf-
rahmens, den das Straßenverkehrsrecht für das verbotene
Kurvenschneiden vorsieht. Ich will mich hier nicht auf die
dogmatisch ebenso interessante wie schwierige Frage einlassen,
ob es überhaupt mit dem Schuldprinzip vereinbar ist, das
Schuldurteil für die drei im Handlungsunwert völlig gleich-
artigen Taten mit Rücksicht auf den unterschiedlichen Erfolgs-
unwert zu differenzieren[14]. Dazu möchte ich nur bemerken, daß
ich altmodisch genug bin, um den Gedanken einer Verantwort-
lichkeit für schuldhaft heraufbeschworenes Schicksal anzuerken-
nen[15]. Gleichwohl wird man einräumen müssen, daß die Alter-
native: „Hie formales Bagatellunrecht — hie schwerwiegendes
Kriminalunrecht" der Bedeutung des Handlungsunwertes und
seinem unbestreitbaren Übergewicht gegenüber dem Erfolgs-
unwert nicht gerecht wird. Das gilt mindestens für solche Ge-
biete des Strafrechts, auf denen ganze Gruppen typischer und
unmittelbar miteinander vergleichbarer Verhaltensfehler be-
gangen werden, die sich jeweils nur durch Art und Umfang des
von vielen Zufälligkeiten abhängigen schädlichen Erfolges
unterscheiden. Diese Erkenntnis hat nach meinem Dafürhalten
einen der wichtigsten Ansatzpunkte für das zunehmende Eindringen des konkreten Gefährdungsdelikts in das Straßenver-

---

[14] Zu dieser Frage vgl. GALLAS, Niederschriften, Bd. 8, S. 423; WELZEL,
Niederschriften, a. a. O., S. 422; KAUFMANN, a. a. O., S. 44; LANG-HINRICH-
SEN, GA 57, 1, 9.
[15] So auch WIMMER, Fahrlässige Verletzung und Gefährdung im Straßenverkehr, S. 62; STRATENWERTH, SchwZStr. 79 (1963), 233, 255.

kehrsrecht gebildet. Indem es nämlich die strafrechtliche Verteidigungslinie von der Verletzung auf die bloße Gefährdung vorverlegt, mildert es die Spannung ab, die sich aus dem geschilderten Zufallsmoment beim Verletzungsdelikt ergibt[16]. Jetzt wird nämlich von der schwereren Kriminalstrafdrohung nicht nur der erfaßt, den das Unglück der Schadensverursachung betroffen hat, sondern schon der an sich Glückliche, wenn er nur einen Zustand unmittelbar drohender Verletzung herbeigeführt hat. Allerdings sollte man diesen Gewinn für das Schuldprinzip nicht überschätzen; denn bei näherem Zusehen zeigt sich, daß im Hinblick auf das Zufallsmoment das fahrlässige konkrete Gefährdungsdelikt denselben prinzipiellen Einwendungen ausgesetzt ist wie das fahrlässige Verletzungsdelikt. Die Gefährdungstatbestände weisen nämlich die Struktur von Erfolgsdelikten auf. Sie sind in der Weise konstruiert, daß mit einer bestimmten Verhaltensweise, die stets den Verstoß gegen eine Verkehrsregel enthält, die Herbeiführung einer konkreten Gefahr kausal verknüpft ist. Es erscheint also der Verstoß gegen die Verkehrsregel als die tatbestandsmäßige Handlung und die Gefahr als der tatbestandsmäßige Erfolg, der mit der Handlung unmittelbar verbunden sein kann oder auch durch Vermittlung einer kleineren oder größeren Zahl hintereinangeschalteter Umstände, die zwischen Handlung und Erfolg eine Kausalkette bilden. Diese Deutung des konkreten Gefährdungsdelikts als Erfolgsdelikt ist in Rechtsprechung und Lehre absolut herrschend[17]. Aus ihr folgt, daß der Täter, der im Straßenverkehr eine verbotene Handlung vornimmt, wiederum dem Zufallsmoment ausgesetzt ist, wenn es um die Frage geht, ob er einen anderen gefährdet hat. Wir können das an dem Beispielsfall, den ich vorhin gebildet habe, ohne weiteres ablesen. Der erste Kraftfahrer hatte die Kurve geschnitten und Glück gehabt. Weil ihm weit und breit niemand entgegenkam, hat er keinen Zustand geschaffen, in dem nach den konkreten Umständen der Eintritt eines Schadens nahelag. Der zweite Kraftfahrer hatte indessen im Sinne des Gefährdungsdelikts Pech; denn dadurch, daß ohne sein Zutun ein anderer in den Gefahrenbereich geriet, entstand die Lage, die das Gesetz als Gefahr versteht. Ebenso

---

[16] Vgl. KAUFMANN a. a. O., S. 54.
[17] AA. allerdings WELZEL, Niederschriften, Bd. 8, S. 430.

wie beim fahrlässigen Verletzungsdelikt stellt sich also auch hier die Frage, wo die inneren Gründe liegen, die es rechtfertigen, die nach ihrem Handlungsunwert gleichen Taten im Schuldvorwurf unterschiedlich zu bewerten. Allerdings ist die Spannung insofern erheblich abgeschwächt, als das konkrete Gefährdungsdelikt in den breiten Graben zwischen dem Verletzungsdelikt auf der einen und dem abstrakten Gefährdungsdelikt auf der anderen Seite einrückt und dadurch die Möglichkeit kontinuierlicher Übergänge eröffnet. Die Bedenken aus dem Schuldprinzip sind also durch diese Gestaltung stark abgemildert, aber nicht ganz beseitigt[18].

Angesichts dieser Schwierigkeit liegt es nahe zu fragen, ob die geschilderte Spannung zwischen den Übertretungstatbeständen des Straßenverkehrsrechts und den Verletzungstatbeständen des Strafgesetzbuches nicht auf andere Weise sinnvoller hätte überbrückt werden können. Zu denken wäre etwa daran, die nach der Verkehrserfahrung schwersten Übertretungstatbestände herauszuschälen und in Verkehrsvergehen umzuwandeln, deren Strafdrohungen dann allerdings fühlbar über den bisherigen Strafrahmen liegen müßten. Diese Lösung ist in den vorbereitenden gesetzgeberischen Beratungen erwogen[19], aber nur für den Tatbestand des § 316 des Strafgesetzbuches, die Trunkenheit am Steuer, verwirklicht worden. In der Tat stehen einer generellen Regelung in dieser Richtung überwiegende Bedenken entgegen. Der abstrakte Gefährdungstatbestand des Verkehrsrechts hat nämlich eine unangenehme Eigenschaft: Er umschreibt zwar verhältnismäßig deskriptiv das jeweils gebotene Verkehrsverhalten und begründet dadurch im Verein mit allen anderen Tatbeständen dieses Rechtsgebiets eine feste Ordnung für den Ablauf des Verkehrs. Eine Analyse fast jeder einzelnen Verkehrsregel ergibt aber, daß die von ihr erfaßten, im Verkehrsgeschehen wirklich vorkommenden Zuwiderhandlungen im Hinblick auf ihre Gefährlichkeit eine große Spannweite

---

[18] Nach DREHER (Niederschriften, Bd. 8, S. 419) drängt gerade das Schuldprinzip zu einer weiteren Entwicklung der konkreten Gefährdungsdelikte.

[19] Vgl. etwa BAUMANN in: Folgenlose Verkehrsgefährdung als Massenerscheinung, 1961, S. 162, 178.

haben. Nahezu in jedem Tatbestand gibt es Handlungsgruppen, die nach den konkreten Umständen des Einzelfalles völlig ungefährlich sein können, neben anderen Handlungsgruppen, in denen nach eben diesen Umständen ein schwerer Schaden unvermeidbar erscheint. Mit anderen Worten: Die Gefährlichkeitsskala reicht bei den meisten Übertretungstatbeständen des Verkehrsstrafrechts von völliger Gefahrlosigkeit bis zu Graden höchster Gefährlichkeit. Daraus folgt aber, daß einerseits Fallgruppen zu berücksichtigen sind, in denen die Befolgung der Norm eine reine Gehorsamsübung ist, während andererseits die Taten bis zur Grenze schwersten Unrechts- und Schuldgehalts reichen. Das Fatale an diesen Tatbeständen ist nun, daß es keine wirksame Methode gibt, die für die Verkehrssicherheit belanglosen Vorgänge auszuscheiden und nur die übrigbleibenden, im Einzelfall wirklich gefährlichen Verhaltensweisen mit Vergehensstrafe zu bedrohen. Alle in dieser Richtung angestellten Überlegungen haben das Ergebnis erbracht, daß es nur die Methode der Generalklausel gäbe[20], um die nach den konkreten Umständen harmlosen Handlungen aus dem Anwendungsbereich eines abstrakten Gefährdungstatbestandes auszunehmen. Diese Methode würde aber bewirken, daß der unschätzbare Vorteil deskriptiver Beschreibung des tatbestandlichen Verhaltens weitgehend verloren ginge; man müßte dann nämlich dem Kraftfahrer die Verantwortung für die Entscheidung übertragen, ob ein an sich durch die Verkehrsregel gefordertes Verhalten nach Lage des Einzelfalles ungefährlich und deshalb unverbindlich ist. Unsere ohnehin schon undurchsichtige Verkehrsordnung würde durch dieses zusätzliche Moment der Unsicherheit wahrscheinlich in ihren Grundfesten erschüttert[21]. Deshalb kann es wohl nur dabei bleiben, daß alle Verkehrsregeln auch da gelten müssen, wo die Zuwiderhandlung andere Verkehrsteilnehmer nicht konkret gefährden kann, wo sie sich also in einem Verstoß gegen die Ordnung erschöpft[22]. Ist dieses Ergebnis aber unausweichlich, dann kann auch keine ehrenrührige Kriminalstrafe angedroht werden, weil andernfalls min-

---

[20] Darüber MEYER in: Folgenlose Verkehrsgefährdung als Massenerscheinung, 1961, S. 103.
[21] MEYER a. a. O.
[22] BINDING (Normen, Bd. I, 2. Aufl., 1890, S. 386) sieht deshalb das abstrakte Gefährdungsdelikt als Formaldelikt an.

destens alle vom Tatbestand mitumfaßten bloßen Ordnungs-
verstöße zum Nachteil des Täters als kriminelles Unrecht quali-
fiziert würden[23]. Es bleibt also in der Tat kein anderer Weg, als
die abstrakten Gefährdungsdelikte des Verkehrsrechts als die
unterste, nur mit verhältnismäßig geringfügiger Sanktion be-
wehrte Kategorie beizubehalten und den breiten Graben zum
Verletzungsdelikt auf andere Weise auszufüllen.

Für diesen Zweck bietet sich nun der konkrete Gefährdungstatbestand geradezu an. Seine Einfügung zwischen die abstrakte Verkehrsregel auf der einen und den Verletzungstatbe-
stand auf der anderen Seite macht folgendes Verfahren möglich:
Man kann aus der Summe aller Verkehrszuwiderhandlungen
diejenigen auswählen, die nach den Verkehrserfahrungen am
häufigsten zu Unfällen führen, die also — um ein Modewort zu
gebrauchen — unfallträchtig sind. Indem man sie mit der Voraussetzung konkreter Gefährdung verbindet, erreicht man ein
Doppeltes: Zunächst und vor allem erfüllt das Tatbestandsmerkmal der Gefährdung eine Auslesefunktion. Da der Täter
die konkrete Verkehrsgefahr vorsätzlich oder fahrlässig herbeigeführt haben muß, kann nur ein solcher Verhaltensfehler zum
Schuldurteil führen, der nach den konkreten Umständen für
den Täter erkennbar gefahrenträchtig war. Es mag sein, daß es
Fälle gibt, in denen sich aus einem Fahrfehler auf ganz ungewöhnliche, inadäquate Weise eine konkrete Gefahr entwickelt,
in denen also aus einer abstrakt ungefährlichen Handlung eine
konkrete Gefahr erwächst. Diese Fälle werden aber durch die
Notwendigkeit des Schuldzusammenhanges aus dem Anwendungsbereich des konkreten Gefährdungstatbestandes ausgeschieden. Deshalb können die Tathandlungen, die zur Verurtei-
lung führen, immer nur gefahrenträchtige Handlungen sein.
Die ungefährlichen Handlungsgruppen, die jeweils in den abstrakten Gefährdungstatbeständen mitumfaßt sind und die uns
in den vorausgegangenen Überlegungen Sorgen gemacht haben,
werden auf diese — fast möchte man sagen: unauffällige —
Weise ausgeschieden. Darin sehe ich die Hauptfunktion des
Merkmals der konkreten Verkehrsgefahr. Es bietet die Möglichkeit, unter den Delikten des Verkehrsstrafrechts diejenigen

---

[23] Ebenso BAUMANN a. a. O., S. 179.

auszuwählen, die in besonderem Maße unfallträchtig sind, und zugleich alle Einzelhandlungen aus dem Anwendungsbereich zu verbannen, die trotz ihrer Verkehrswidrigkeit keine Gefährdung bewirken können. Schon das rechtfertigt eine schärfere Sanktion, als sie für die allgemeinen Verhaltensregeln vorgesehen ist. Daneben trägt der zusätzliche Erfolgunwert, der in der konkreten Gefährdung anderer Verkehrsteilnehmer steckt, die Strafschärfung mit. Er ist aber, möchte ich glauben, von untergeordneter Bedeutung; denn er bildet sicher nicht den gesetzgeberischen Grund, der zur Einführung der konkreten Gefährdungstatbestände im Verkehrsrecht geführt hat. Hier ging es vielmehr darum, eine sinnvolle und kriminalpolitisch wirksame Methode zu finden, die eine strengere strafrechtliche Erfassung derjenigen Verkehrszuwiderhandlungen ermöglicht, die schon nach ihrer Art häufig unfallverursachend wirken und auch unter den besonderen Verhältnissen der Tat gefährlich sind[24].

Gestatten Sie mir an dieser Stelle eine kleine Abschweifung. Aus den bisherigen Überlegungen lassen sich nämlich für eine bedeutsame Streitfrage, die seit Inkrafttreten des Zweiten Gesetzes zur Sicherung des Straßenverkehrs praktische Bedeutung erlangt hat, unmittelbare Folgerungen ableiten. Bekanntlich hat dieses Gesetz bei dem Merkmal der Gefährdung auf die Notwendigkeit einer Gemeingefahr verzichtet und an ihrer Stelle auf eine konkrete Individualgefahr abgestellt. Damit ist der neueren Rechtsprechung des Bundesgerichtshofs[25] der Boden entzogen, daß die Gefährdung eines einzelnen Menschen nur dann tatbestandsmäßig sei, wenn er als Repräsentant der Allgemeinheit betroffen werde. Wir müssen uns in Übereinstimmung mit der älteren Rechtsprechung des Bundesgerichtshofs[26] wieder mit dem Gedanken anfreunden, daß auch die Gefährdung eines nach individuellen Gesichtspunkten ausgewählten Mitfahrers zur Verwirklichung des Tatbestandes ausreichen kann. Diese gesetzgeberische Entscheidung müssen wir hinnehmen, unabhängig davon, ob sie uns kriminalpolitisch richtig

---

[24] Vgl. auch die Begr. zum E 1962, S. 495 ff.
[25] BGHSt. 11, 199; st. Rspr.
[26] BGHSt. 6, 100.

erscheint[27]. Zweifelhaft ist nun aber, ob der möglicherweise gefährdete Mitfahrer wirksam in die Tat einwilligen kann mit der Folge, daß auf Grund seines Rechtsschutzverzichts die verursachte Gefährdung ihrer Rechtswidrigkeit entkleidet wird und damit nur die Möglichkeit der Bestrafung wegen der zugrundeliegenden Verkehrsübertretung übrigbleibt. Die Frage ist vor allem dann praktisch bedeutsam, wenn sich jemand einem betrunkenen Kraftfahrer in Kenntnis der drohenden Gefahren anvertraut und durch sein Verhalten zu erkennen gibt, daß er diese Gefahren und ihre mögliche Verwirklichung auf sich nehmen will. Der Bundesgerichtshof hat schon zu einer Zeit, als er den Begriff der Gemeingefahr noch extensiv auslegte und auch die Gefährdung eines bestimmten einzelnen Menschen einbezog, die Erheblichkeit der Einwilligung kategorisch verneint mit der lapidaren Begründung, daß der Tatbestand der Verkehrsgefährdung ein Rechtsgut der Allgemeinheit schütze, über das der einzelne nicht wirksam verfügen könne[28]. Diese Auffassung hat in der Literatur Widerspruch gefunden[29]. Heute kann man in den meisten Kommentaren und Lehrbüchern lesen, daß die Einwilligung des Mitfahrers die Gefährdung rechtfertige und damit eine Bestrafung nach § 315 c des Strafgesetzbuches ausschließe[30]. Ich glaube, daß sich aus dem bisher Gesagten das Gegenteil ergibt. Ich will nicht darauf abstellen, daß nach ständiger Rechtsprechung und überwiegender Auffassung im Schrifttum die Einwilligung in eine Lebensgefährdung durch pflichtwidriges Verhalten rechtlich irrelevant ist[31] und daß es bei unseren Verhältnissen im Straßenverkehr kaum jemals möglich ist, die Lebensgefahr von der bloßen Leibes- oder Sachgefahr überzeugend zu unterscheiden. Es kommt mir vielmehr darauf an darzutun, daß der Bundesgerichtshof auch unter der Herrschaft des jetzt geltenden Rechts mit seiner Begründung den Kern der Sache richtig getroffen hat. Die Tatbestände der

---

[27] Zur Kritik vgl. etwa WEIGELT DAR 61, 50.
[28] BGHSt. 6, 232, 234.
[29] Vgl. u. a. HOFFMANN NJW 54, 1676.
[30] Vgl. namentlich MAURACH, Bes. Teil, S. 509; WELZEL, 9. Aufl., S. 408; SCHÖNKE-SCHRÖDER, 12. Aufl., 33 zu § 315 c; SCHWARZ-DREHER, 28. Aufl., 4 B zu § 315 c.
[31] BGHSt. 7, 112, 114; BayObLG NJW 57, 1245; MAURACH, Allg. Teil, 3. Aufl., S. 471.

Straßenverkehrsgefährdung sind durch und durch Tatbestände zum Schutze der Allgemeinheit. Der in ihnen mitverwirklichte Schutz des einzelnen ist nur eine Nebenwirkung von untergeordneter Bedeutung. Wenn nämlich, wie ich glaube gezeigt zu haben, das Merkmal der konkreten Verkehrsgefahr vornehmlich die Funktion erfüllt, aus der Summe bestimmter Zuwiderhandlungen gegen Verkehrsregeln die im Einzelfall ernstlich gefährlichen auszulesen und im Interesse der Verkehrssicherheit mit schärferer Strafe zu bedrohen, dann bezweckt die Strafschärfung nicht, einem einzelnen Verkehrsteilnehmer zusätzlichen Individualschutz zu gewähren. Sie beruht vielmehr auf dem Bedürfnis nach einer kriminalpolitisch sinnvollen Auswahl derjenigen Verhaltensweisen, die im Interesse der Verkehrssicherheit besonders nachdrücklich bekämpft werden müssen. Ist dieser Gedankengang aber richtig, dann ergibt sich die Bedeutungslosigkeit einer Einwilligung des Gefährdeten von selbst: er kann über das vorrangige Rechtsgut der Verkehrssicherheit nicht verfügen. Dieses Ergebnis hat im übrigen auch den Vorzug der Praktikabilität. Es wäre unabsehbar, in welche Schwierigkeiten die Rechtsprechung geraten müßte, wenn man ihr die Aufgabe der Unterscheidung zumuten wollte, ob die vom Täter herbeigeführte Verkehrsgefahr eine Lebensgefahr oder nur eine Leibes- oder Sachgefahr gewesen ist. Zusammenfassend möchte ich zu diesem Punkt sagen: Es erscheint mir nicht möglich, die gesetzgeberische Entscheidung über die Einbeziehung des Mitfahrers in den Tatbestand durch die Zulassung der Einwilligung zu entschärfen[32]. Wenn diese Entscheidung rechtspolitisch verfehlt ist, dann muß der Versuch einer Gesetzesänderung unternommen werden. Der Weg über die Einwilligung führt durch ein Hintertürchen, das nur ein Teil der Täter — und zwar nicht etwa nach sachlich einleuchtenden Maßstäben, sondern nach der zufälligen Konstellation des Einzelfalles — mit Aussicht auf Erfolg benutzen kann.

Kehren wir nach dieser Abschweifung wieder zu unserem Gedankengang zurück. Ich glaube, eine ganze Anzahl von Gründen aufgezeigt zu haben, die für das konkrete Gefährdungs-

---

[32] Ebenso GEERDS, Blutalkohol, 65, 124, Fußn. 37; KOHLHAAS DAR 60, 348.

delikt im Verkehrsstrafrecht sprechen. Es kommen weitere
hinzu. Bei der augenblicklichen Verkehrsmisere, namentlich der
unverhältnismäßig hohen Zahl an Toten und Verletzten, wäre
ein Strafschutz, der das ganze rechtswidrige Verkehrsgeschehen
im Übertretungsbereich auffängt und mit echter Kriminalstrafe
nur bei Unfällen mit Personenschaden zugreift, nicht mehr zeit-
gemäß[33]. Das konkrete Gefährdungsdelikt bietet die Möglichkeit maßvoller Vorverlegung der strafrechtlichen Verteidigungslinie, ohne, wie die Erfahrungen des letzten Jahrzehnts
gezeigt haben, zu einer Vielstraferei und zu einer Abstempelung
sozial eingeordneter Bürger als Kriminelle zu führen. In Fach-
kreisen wird mehr die Zurückhaltung des Gesetzgebers bei der
Abgrenzung der Verkehrsgefährdungstatbestände beklagt als
ein etwa zu forsches Vorgehen. Die mißtönende Begleitmusik,
die zum Inkrafttreten des Zweiten Gesetzes zur Sicherung des
Straßenverkehrs in der Presse veranstaltet wurde und die das
Gespenst eines Volkes von Vorbestraften beschwor, ist längst
verklungen. Sie hat der nüchternen Feststellung Platz gemacht,
daß das ganze Volk offenbar doch noch nicht im Gefängnis
sitzt und daß sich gerade die Verurteilungsziffern wegen Verkehrsgefährdung vor und nach der Gesetzesänderung in durchaus maßvollen Grenzen gehalten haben. Ein weiterer Grund
für das konkrete Gefährdungsdelikt ist auch in der Mentalität
der Bevölkerung zu suchen. Daß mit der sprunghaften Zunahme der Motorisierung und der damit parallel laufenden Ver-
mehrung der Verkehrsunfälle sinnvolle Wege zur Erweiterung
des Strafschutzes gefunden werden mußten, war keinem Sach-
kenner zweifelhaft. Daß andererseits im Volke nur schwer Ver-
ständnis für eine lineare Strafschärfung bei den wichtigeren
abstrakten Verkehrsdelikten zu gewinnen gewesen wäre, ist
auch heute noch meine Überzeugung. Die Vorstellung, daß das
folgenlose Delikt eine „quantité négligeable", ein nur gering-
fügig strafwürdiges Bagatelldelikt ist, wird sich bei dem ausge-
prägten erfolgsstrafrechtlichen Denken der Bevölkerung auf
absehbare Zeit nicht ausrotten lassen[34]. In dieser Lage ist das
konkrete Gefährdungsdelikt ein Schritt nach vorn. Es verzichtet

---

[33] Das betont auch BAUMANN a. a. O., S. 179 ff.
[34] Vgl. BOCKELMANN in: Folgenlose Verkehrsgefährdung als Massenerscheinung, 1961, S. 181, 182.

einerseits auf den Eintritt einer Rechtsgutverletzung, macht andererseits aber durch das Erfordernis einer konkret gefährlichen Verkehrssituation dem Bürger einleuchtend, daß hier mehr passiert ist als der bloße Verstoß gegen eine Ordnungsnorm. Die erhöhte Strafwürdigkeit eines konkreten Gefährdungsdelikts wird deshalb wahrscheinlich leichter verstanden und in der Bevölkerung auch leichter als verbindliches Recht und nicht nur als bloßer Machtanspruch des Staates angenommen.

Das alles war für das konkrete Gefährdungsdelikt ins Feld zu führen. Offen ist aber noch die Frage, ob das Tatbestandsmerkmal der Gefährdung nun wirklich das leisten kann, was von ihm erwartet werden muß. Hier sind ernste Bedenken anzumelden. Sie sind bezeichnenderweise in der älteren Literatur mit ungleich viel größerem Nachdruck vorgebracht worden als im modernen Schrifttum. BINDING[35] beispielsweise spricht von der unheimlichen Rolle, welche die Begriffe „Gefahr" und „Gefährdung" in der Theorie, zum Teil aber auch in der Gesetzgebung gespielt hätten. M. E. MAYER meint[36], daß Gefährlichkeit ein Merkmal sei, dem „schier alle Krankheiten anhaften, die eine Strafvoraussetzung haben" könne. Und v. BAR[37] kommt zu einem totalen Verdikt, wenn er sagt, daß der Begriff der Gefahr, wenn nicht besondere Umstände hinzukämen, für das Recht ein unbrauchbarer, sich verflüchtigender sei. In dieses Konzert stimmt auch der Bundesgerichtshof in einer Entscheidung aus jüngster Vergangenheit[38] ein. Er führt wörtlich aus: „Der Begriff der Gefahr entzieht sich genauer wissenschaftlicher Umschreibung. Er ist nicht allgemein gültig bestimmbar und überwiegend tatsächlicher, nicht rechtlicher Natur." Allen diesen Äußerungen liegt der Gedanke zugrunde, daß der Gefahrbegriff ein nicht zu bannendes Element der Unbestimmtheit und Unsicherheit einschließe. Das ist sicher richtig und wird aus meinen folgenden Ausführungen deutlich hervorgehen. Zugleich wird sich aber auch zeigen, daß Recht-

---

[35] BINDING, Die Normen, Bd. IV, S. 374.
[36] M. E. MAYER, Der Allgemeine Teil des deutschen Strafrechts, S. 198.
[37] v. BAR, Gesetz und Schuld, Bd. II, S. 567.
[38] BGHSt. 18, 271, 272.

sprechung und Lehre noch manches tun könnten, um den Umfang der mit dem Begriff verknüpften Ungewißheit auf das unvermeidliche, in der Natur der Sache liegende Maß zurückzuführen.

Nach der heute in der Rechtsprechung üblichen Formulierung ist unter Gefahr ein ungewöhnlicher Zustand zu verstehen, in dem nach den konkreten Umständen der Eintritt eines Schadens naheliegt[39]. Damit hat der Begriff zwei konstituierende Merkmale, nämlich
1. die Möglichkeit oder besser Wahrscheinlichkeit eines in der Zukunft liegenden Ereignisses und
2. den schädigenden Charakter dieses Ereignisses[40].

Das zweite Merkmal ist für das Strafrecht ohne Problem. Da es hier durchgängig um Rechtsgüterschutz geht, ist der schädliche Charakter des gedachten künftigen Ereignisses stets identisch mit der Rechtsgutverletzung, deren Verhinderung das zentrale Anliegen des jeweils in Frage kommenden Tatbestandes ist. Die zu bewältigen Schwierigkeiten liegen nahezu ausschließlich bei dem ersten Merkmal.

Danach ist also die Möglichkeit oder Wahrscheinlichkeit eines künftigen schädlichen Ereignisses konstituierend. Gestatten Sie, daß ich vorläufig nur von der Möglichkeit spreche und den Grad dieser Möglichkeit, d. h. die mehr oder minder große Wahrscheinlichkeit des Schadenseintritts, außer Betracht lasse. Insoweit handelt es sich um eine besondere Frage, auf die ich noch eingehen werde. Aus dem Erfordernis der Möglichkeit eines künftigen Ereignisses folgt nun zunächst, daß das Vorliegen einer Gefahr nicht durch bloße Beschreibung eines gegenwärtigen Zustandes festgestellt werden kann. Es ist vielmehr unausweichlich, den durch die Tathandlung herbeigeführten gegenwärtigen Zustand in Beziehung zu setzen zu einem gedachten künftigen Zustand und ein Urteil darüber zu gewinnen, ob die Fortenwicklung des tatsächlich gegebenen zu dem gedachten künftigen Zustand als möglich bezeichnet werden kann. Mit anderen Worten: Die Feststellung der Gefahr setzt ein

---

[39] Vgl. z. B. RGSt. 10, 173, 176; BGHSt. 18, 271.
[40] So schon v. ROHLAND, Die Gefahr im Strafrecht, 1886, S. 1.

Gefahrurteil voraus, und zwar ein Urteil, das nicht einen wirklichen, sondern einen nur gedachten, hypothetischen Kausalverlauf unter dem Gesichtspunkt bewertet, ob er nach menschlicher Erfahrung möglich erscheint. Hier ergibt sich bereits das erste Bedenken: Wir wissen aus der Physik, daß das Kausalgesetz grundsätzlich zwingend ist. Aus gleichen Ursachen entstehen stets gleiche Wirkungen. Objektiv steht daher das Urteil, daß ein bestimmter Kausalverlauf nur möglich sei, zum Kausalgesetz im Widerspruch[41]. Denken Sie sich bitte einen Menschen, der alle Umstände kennt, die als Ursachen für ein künftiges Ereignis in Frage kommen, der also ein vollständiges ontologisches Wissen hat. Denken Sie sich ferner, daß er außerdem alle diese Umstände kausalgesetzlich richtig bewerten kann, daß er zugleich also auch ein lückenloses nomologisches oder Erfahrungswissen besitzt. Dieser Mensch kann niemals zu dem Ergebnis kommen, daß ein bestimmter Kausalverlauf nur möglich sei. Für ihn gibt es nur die Notwendigkeit oder die Unmöglichkeit des gedachten künftigen Ereignisses. Ein Möglichkeitsurteil über den mutmaßlichen künftigen Kausalverlauf wird erst durch die Unzulänglichkeit menschlicher Erkenntnis denkbar und praktisch vollziehbar. Weil der Mensch kaum jemals alle für die Weiterentwicklung eines Zustandes maßgebenden Bedingungen kennt — das wäre ein Mangel an ontologischem Wissen — und außerdem regelmäßig auch nicht die volle Einsicht in die kausalgesetzliche Bewertung dieser Umstände hat — das wäre ein Mangel an nomologischem Wissen —, kommt für ihn regelmäßig nur ein Urteil über die größere oder geringere Möglichkeit der Entwicklung des Zustandes auf den Schaden hin in Frage. Damit ist für das Gefahrurteil charakteristisch, daß ihm nur ein Teil der den Kausalverlauf bestimmenden Umstände und nur ein Teil der kausalgesetzlichen Regeln zugrundegelegt werden kann. Es fragt sich nun, ob es einen einheitlichen Maßstab für die Ermittlung dieses Tatsachen- und Erfahrungswissens gibt. Die Frage ist sehr viel komplexer, als sie auf Anhieb erscheint. Es ist nämlich zu bedenken, daß der Richter, der über eine Gefährdungstat zu urteilen hat, in der Regel den weiteren Kausalverlauf kennt. Er weiß, ob sich der durch die

---

[41] Näheres dazu vgl. BASSENGE a. a. O., S. 21.

Tathandlung verursachte Zustand zum Schaden hin verdichtet
hat. Für ihn sind die Zusammenhänge durchsichtig geworden.
Er kann jetzt möglicherweise Umstände erkennen, die zur Zeit
der Tat weder dem Täter noch einem gedachten Beobachter
zugänglich waren. Aber diese tatsächliche Entwicklung nach
dem Eintritt der Gefahrenlage darf den Richter nicht inter-
essieren. Über sie hat er nicht zu urteilen. Ihm ist vielmehr eine
nachträgliche Prognose darüber abgefordert, ob der in der Vergangenheit liegende ungewöhnliche Zustand von der Art war,
daß er einen bestimmten Grad von Schadensmöglichkeit in sich
barg. Zu dieser Gedankenoperation trägt der tatsächliche Ablauf der Geschehnisse theoretisch überhaupt nichts bei; praktisch kann er allerdings als Indiz, als Bestätigung des Gefahrurteils sozusagen, ins Gewicht fallen[42]. Das Tatsachen- und Erfahrungswissen des Richters im Zeitpunkt der Aburteilung
kann deshalb sicher nicht zugrundegelegt werden; es kommt
vielmehr auf den Zeitpunkt an, in dem der regelwidrige Zustand, über den das Gefahrurteil gefällt werden muß, Gegen-
wart war[43]. Wie findet nun aber der Richter die Wissensgrund-
lage, auf der er sein Gefahrurteil aufzubauen hat. Darüber
herrscht im Schrifttum Unklarheit. Was das ontologische Wissen
betrifft, meinen die einen[44], es komme auf die dem Täter be-
kannten Umstände an; andere[45] beziehen die Umstände ein, die
einem gedachten Beobachter mit den Fähigkeiten eines Durchschnittsmenschen erkennbar waren; wieder andere[46] ersetzen
den Durchschnittsmenschen durch einen sachverständigen Beobachter; bisweilen wird sogar der Standpunkt vertreten, daß
alle im Beurteilungszeitpunkt menschlicher Erkenntnis zugäng-
lichen Umstände Grundlage des Gefahrurteils seien[47]. Nicht
geringer ist die Unklarheit in bezug auf das Erfahrungswissen.
Kommt es hier auf das nomologische Wissen eines Durch-

---

[42] So BGHSt. 8, 28.
[43] Darüber besteht heute Einigkeit. Das RG hat allerdings einmal (RGSt.
8, 198, 202) einen abw. Standpunkt eingenommen.
[44] MERKEL-LIEPMANN, Die Lehre von Verbrechen und Strafe, S. 56;
APPEL a. a. O., S. 13.
[45] FINGER a.a.O., S. 239; HERRMANN a. a. O., S. 15.
[46] HENCKEL a. a. O., S. 25; WELZEL, Lb., 9. Aufl., S. 41.
[47] BUSCH, Gefahr und Gefährdungsvorsatz in der Dogmatik des modernen Strafrechts, 1897, S. 23.

schnittsmenschen[48], eines Sachverständigen[49] oder gar auf den gesamten Erfahrungsschatz der Menschheit[50] an? Auch darüber ist man sich nicht einig. Welche der denkbaren Auffassungen den Vorzug verdient, soll hier nicht untersucht werden. Das würde den Rahmen dieses Vortrages sprengen. Nur meine ich, daß hier der Punkt ist, an dem die Wissenschaft zu einer exakteren Umschreibung des Gefahrbegriffs beitragen könnte. Die aufgezeigten Fragen entziehen sich keineswegs theoretischer Erforschung. Die für ihre Beantwortung maßgebenden Gründe und Gegengründe sind analysierbar und abwägbar, damit rationaler Erfassung zugänglich.

Dasselbe gilt jedoch nicht für eine weitere Voraussetzung des Gefahrbegriffs. Schon nach allgemeinem Sprachgebrauch kann das Gefahrurteil nicht auf jede, sei es noch so entfernte Möglichkeit des Schadenseintritts gegründet werden. Es ist vielmehr ein höherer Möglichkeitsgrad zu fordern, der in der Rechtsprechung mit Ausdrücken wie „naheliegende Möglichkeit" oder „Wahrscheinlichkeit" umschrieben wird[51]. Im Schrifttum spricht man auch von ernster Besorgnis, die einen vernünftigen Menschen zu Abwehrmaßnahmen veranlaßt[52]. Andere[53] setzen eine Situation voraus, in der sich das Ausbleiben des Erfolges jeglicher Berechnung entzieht. Der Bundesgerichtshof hat auf dem Gebiet des Verkehrsstrafrechts lange Zeit die Formel verwendet, daß der Eintritt des Erfolges wahrscheinlicher sein müsse als sein Ausbleiben[54]. Nun ist es gedanklich sicher vollziehbar, das Urteil über die Möglichkeit eines Schadenseintritts nicht nur im Sinne des Gegensatzes zu den Extremen „unmöglich" auf der einen und „gewiß" auf der anderen Seite abzugeben, sondern zugleich auch den Grad der Möglichkeit zu bestimmen. Je zahlreicher und gewichtiger die schadensfördernden gegen-

---

[48] So MARSFELS a. a. O., S. 16; SIEBENHAAR ZStW 4, 245, 249; FINGER a. a. O., S. 239, bezieht auch hier das zusätzliche Täterwissen ein.
[49] Vgl. ENGISCH a. a. O., S. 58.
[50] MEZGER in Traeger-Festschr. S. 220 ff.; SCHÖNKE-SCHRÖDER, 12. Aufl., 4 vor § 306.
[51] Vgl. z. B. RGSt. 10, 173, 176; BayObLG VRS 23, 379.
[52] HERRMANN a. a. O., S. 15; ROTERING GA Bd. 31, 268.
[53] HENCKEL a. a. O., S. 27; MERKEL-LIEPMANN a. a. O., S. 55.
[54] BGHSt. 8, 28, 31; 11, 162, 164; 13, 66, 70; gegen diese Formel BayObLG VRS 23, 379.

über den -hemmenden Bedingungen nach der Beurteilung des Beobachters sind, umso höher wird er den Möglichkeitsgrad veranschlagen, umso wahrscheinlicher ist für ihn der Schaden. Theoretisch kann man also eine Möglichkeitsskala bilden, die bei dem Wert „unmöglich" beginnt und in kontinuierlichem Anwachsen bei dem Wert „gewiß" endet. Gedanklich kann das Möglichkeitsurteil jeden Punkt dieser Skala treffen und damit den Grad der Wahrscheinlichkeit geradezu in einem Prozentsatz festlegen. Diese Gedankenoperation ist aber auf die reale Wirklichkeit nicht übertragbar. Die im Strafrecht zu wertenden Sachverhalte sind so kompliziert und vielschichtig, die mitwirkenden schadensfördernden und -hemmenden Bedingungen schon zahlenmäßig, aber erst recht in ihrem Verhältnis zueinander so unübersehbar, daß eine exakte Bestimmung des Möglichkeitsgrades regelmäßig ausgeschlossen ist. Man muß zufrieden sein, wenn es gelingt, in grober Schätzung zwischen naher und entfernter Möglichkeit zu unterscheiden. Diese Schwierigkeit kann keine wie auch immer geartete Formel über den für die Gefahr vorauszusetzenden Möglichkeitsgrad aus der Welt schaffen. Das hat auch der Bundesgerichtshof erkannt, der hierzu ausführt: „Die für die Besorgnis eines Schadens maßgeblichen Umstände können unterschiedliches Gewicht haben. Welches Gewicht ihnen im Einzelfall zukommt, läßt sich allenfalls schätzen, dagegen rechnerisch nicht sicher bestimmen, zumal wenn, wie im Regelfall, eine Reihe von Umständen vorliegt, die auch in ihrem Zusammen- oder Gegeneinanderwirken bewertet werden müssen ... Hierzu fehlt es an einem verbindlichen Wertmaßstab. Mit Hilfe von Prozentzahlen kann daher der Begriff der Gefahr nicht bestimmt werden."[55]

Was folgt nun aus diesen Überlegungen? Zunächst jedenfalls, daß der Gefahrbegriff ein durch und durch normativer Begriff ist, der zahlreiche Elemente unausräumbarer Unbestimmtheit enthält. Der größte Unsicherheitsfaktor liegt dabei in der Tatsache, daß die Feststellung der Gefahr im Wege eines wertenden Urteils über einen nur gedachten, also hypothetischen Kausalverlauf gewonnen werden muß. Zur Unbestimmtheit trägt ferner bei, daß der Übergang von der bloßen Schadensmöglich-

---

[55] BGHSt. 18, 271, 272.

keit zur Gefahr nicht qualitativ, sondern nur quantitativ erfaßbar ist und deshalb nicht nach abstrakten Kriterien, sondern nur auf Grund tatrichterlicher Würdigung bestimmt werden kann. Hinzu kommt, daß auch die Grundlagen, auf denen das Gefahrurteil aufbaut, nämlich das ontologische und das nomologische Wissen, selbst nicht kognitiv, sondern wiederum nur im Wege der Wertung ermittelt werden können. Alles zusammengenommen ergibt sich ein für das Strafrecht nicht unbedenkliches Maß an Unbestimmtheit, das die resignierenden Äußerungen des früheren Schrifttums verständlich macht. Zwar wird man ernstlich nicht behaupten können, daß der Gefahrbegriff den Art. 103 Abs. 2 des Grundgesetzes verletze; denn den Anforderungen, die etwa das Bundesverfassungsgericht an die Bestimmtheit normativer Begriffe im Strafrecht stellt[56], wird er sicher gerecht. An relativer Unbestimmtheit dürfte er von manchem anderen strafrechtlichen Tatbestandsmerkmal übertroffen werden. Erinnert sei nur an Begriffe wie „Wohl der Bundesrepublik Deutschland", „Beleidigung", „niedriger Beweggrund" und dgl. Das ändert aber nichts an der grundsätzlichen kriminalpolitischen Unerwünschtheit solcher Begriffe. Unbestimmtheit bedeutet immer Rechtsunsicherheit und ungleichmäßige Rechtsanwendung[57]. Beides ist für die Bildung eines gefestigten Rechtsbewußtseins in der Bevölkerung abträglich. Dieser Mangel muß deshalb bei der Abwägung der Gesichtspunkte, die für und gegen das konkrete Gefährdungsdelikt sprechen, in die Waagschale gelegt werden. Ich glaube aber nicht, daß er die Waagschale zum Sinken bringt. Dabei will ich nicht behaupten, daß den Gründen für das Gefährdungsdelikt selbst dann das Übergewicht zukommen müßte, wenn man den aufgezeigten Nachteil als besonders schwerwiegend bewertet. Mir scheint vielmehr, daß dieser Nachteil durch die Eigenart des Verkehrsrechts nicht unerheblich abgemildert wird. In den Auseinandersetzungen um die Problematik richterlichen Ermessens[58] ist deutlich geworden, daß die Verwendung eines normativen Begriffs im Gesetz immer dann eine versteckte

---

[56] Vgl. BVerfGE 4, 352, 357.
[57] Vgl. CLASS in EB. SCHMIDT-Festschr. S. 122, 137.
[58] Grundlegend hierzu WARDA, Dogmatische Grundlagen des richterlichen Ermessens im Strafrecht, 1962.

Delegation[59] von Gesetzgebungsbefugnissen auf den Richter
enthält, wenn nicht zugleich der Bewertungsmaßstab angegeben
wird, der bei der Ausfüllung des Begriffs anzulegen ist. Was das
Merkmal der Gefahr betrifft, überläßt das Gesetz diese Ausfüllung völlig dem Richter. Und wir haben gehört, daß auch der
Richter Schwierigkeiten hat, einen abstrakten Maßstab zu ent-
wickeln, der ihm ein für allemal die zuverlässige Abgrenzung
ermöglicht. Ihm kommt aber die Typizität des Verkehrsgesche-
hens zu Hilfe. In ihrer großen Masse sind die Verkehrszuwiderhandlungen keine singulären Ereignisse, sondern Vorgänge, die
sich mit geringeren oder größeren Abwandlungen tausendfach
wiederholen. Es kann deshalb nicht ausbleiben, daß sich im
Laufe der Zeit typische Fallgestaltungen herausschälen, die im
Hinblick auf die Grenzziehung jeweils gleich behandelt werden
und so das erforderliche Maß an Rechtsgleichheit gewährleisten,
das mit Hilfe des abstrakten Begriffsinhalts nicht erreicht werden kann. Diese Annahme wird durch die Beobachtung der
gerichtlichen Praxis bestätigt. Während unmittelbar nach dem
Inkrafttreten des Ersten Gesetzes zur Sicherung des Straßenverkehrs allenthalben eine außerordentliche Unsicherheit bei
der Abgrenzung des Begriffs der Gemeingefahr bestand, haben
sich die Gerichte inzwischen zurechtgefunden. Die zunächst in
einem breiten Strom fließende veröffentlichte Kasuistik ist von
Jahr zu Jahr spärlicher geworden. Heute wissen die Richter in
der Regel, wo die kritische Grenze zur Gefährdung überschrit-
ten wird; sie lesen es an vergleichbaren, in der Vergangenheit
bereits entschiedenen Fällen ab. Diese Beobachtung legt den
Schluß nahe, daß die Bedenken gegen das konkrete Gefährdungsdelikt in demselben Maße abnehmen, in dem es auf dem
jeweils betroffenen Rechtsgebiet typische, sich in der sozialen
Wirklichkeit häufig wiederholende Fallgestaltungen gibt, die
auf dem Wege über die Kasuistik zur gebotenen Gleichheit der
Rechtsanwendung führen.

Ich habe Ihnen damit einige Gedanken zum Für und Wider
der konkreten Gefährdungsdelikte im Straßenverkehrsrecht
dargelegt. Wenn Sie mich nun fragen, ob der Gesetzgeber gut
daran getan hat, daß er dieser Tatbestandsform in ständig zu-

---

[59] Vgl. DROST, Das Ermessen des Strafrichters, S. 22.

nehmendem Umfang Einlaß in das Strafrecht gewährt hat, so
weiß ich darauf noch keine abschließende Antwort. Die aufgezeigten Bedenken gegen die Entwicklung sind keineswegs gering
zu achten; auf der anderen Seite liegen aber mannigfache Vor-
teile auf der Hand. Ein abschließendes Urteil setzt einen län-
geren Zeitraum der Beobachtung und der Erprobung voraus.
Wahrscheinlich wird erst die nach uns kommende Juristengene-
ration sagen können, ob der eingeschlagene Weg kriminalpolitisch richtig oder ob er ein Holzweg war.

Damit bin ich am Ende der Ausführungen, die ich mir vor-
genommen hatte. Ich schließe mit dem Bewußtsein, daß ich
Ihnen nur wenige Aspekte aus der viel umfassenderen Problematik des konkreten Gefährdungsdelikts aufgezeigt habe. Von
zahlreichen Einzelfragen, etwa der nach der Einzelausgestaltung
der Verkehrsgefährdungstatbestände, nach dem Gefährdungsvorsatz[60], nach dem Versuch der Gefährdung oder nach der
Beteiligung am Gefährdungsdelikt[61], war überhaupt nicht die
Rede. Ich bitte mir das nachzusehen; denn mit jedem dieser
Themen hätte sich unschwer ein selbständiger Vortrag bestrei-
ten lassen. Wenn es mir aber gelungen ist, die Aufmerksamkeit
auf dieses wissenschaftlich keineswegs ausgeleuchtete Spezial-
gebiet des Strafrechts zu lenken, dann kann ich sehr zufrieden
sein.

[60] Vgl. dazu v. HIPPEL ZStW 75, 433.
[61] Dogmatische Schwierigkeiten, die in vergleichbarer Weise auch bei den
erfolgsqualifizierten Delikten zu überwinden sind, gibt es hier bei dem
gemischt vorsätzlich-fahrlässigen Gefährdungsdelikt.

Pflichtversicherung für Kraftfahrzeughalter
und Kraftfahrversicherungsbedingungen
Kommentar

2., neubearbeitete und erweiterte Auflage
von Senatspräsident a. D. GERHARD ERICH FROMM
Oktav. XVI, 516 Seiten. 1961.
Mit Nachtrag 1964 (IV, 84 Seiten). Ganzleinen DM 58,—
(Sammlung Guttentag Band 223 a)

Personenbeförderungsgesetz
vom 21.3.1961

Handkommentar

von Oberregierungsrat Dr. RICHARD SIGL
Oktav. VIII, 279 Seiten. 1962.
Mit Nachtrag 1966 (IV, 63 Seiten). Ganzleinen DM 38,—
(Sammlung Guttentag Band 256 a)

Eisenbahnverkehrsordnung
vom 8. September 1938

mit allgemeinen Ausführungsbestimmungen
Kommentar

herausgegeben von Dr. jur. H. WEIRAUH †
8. Auflage, neubearbeitet von Bundesbahnoberrat WERNER HEINZE
Oktav. XII, 408 Seiten. 1962. Ganzleinen DM 38,—
(Sammlung Guttentag Band 91)

Walter de Gruyter & Co., Berlin 30